RealCrazyMan◎著　　彭玲林◎譯

血型小將 ABO
是如何誕生的？

2004 年 12 月 20 日
跟學弟們的聚會

我來說個有趣的故事。

是一位學弟的真實故事。A型、B型、O型、AB型正在一起吃飯。AB型突然站起來，跑了出去，O型很好奇，一下子就追了出去。接著，A型就小心翼翼地問B型：「他們是因為我才出去的嗎？」嘻嘻

有趣吧？

真好笑

「血型小將ABO」於焉誕生。

這…這是個相當具有完整性的故事啊！角色鮮明又有強度！！！

真是太讚了

激動

精準得超級不像樣

顫抖

振奮

這可不是普通的有趣，是有趣得不得了！

從那時開始，抱持著興趣觀察周圍的人，於是發現了一些有趣的現象～

把 A 型、B 型、O 型、AB 型放在相同的情況之下時，

便各自展現出不一樣的個性。

各血型的真實代表們
〔A 型〕

A型的真實代表就是我父親，平常很少說錯話，他認為與其引起紛爭，不如透過自我犧牲，維持和平，這才是最高的價值。

標準 A 型父親的趣事

〔B型〕

B型的代表有很多。
朋友、大學學長、學弟、我母親、同學

很重視自我感受，時時刻刻說話都很直接。

看到那些 B 型們，就會覺得他們像洋蔥。

幹嘛，怎麼又來了！

把我當成垃圾看待的學長

唉喲～

喔！你來啦？

喜歡我的學長

展現在外的態度與內心似乎是一致的。

剛開始是會有些無法適應……

最重要的是——時時刻刻忠於自我的感受。

B型之間似乎有著特殊的情誼。
有一次，我的 B 型同學碰到我母親。

我母親對她非常滿意。

但是……父親跟我誓死反對。

不可否認的是——B型是非常具有魅力的角色。

〔O型〕
O型的真實代表就是在下我……

藉此機會，
要向平常在本書中對 O 型大為不滿的各位道歉。

〔AB 型〕

若是沒有直接經歷過，

是絕對無法理解的！

**具有魔力的話術，
雖然沒說錯，但回想起來，不知怎的卻心情很差……**

**在起承轉合當中，AB 型主要是負責收尾，
所以，就變成搞笑或逆轉情勢了！**

**深感自己就像每一集負責替故事收尾的丑角
而感到自卑沮喪的作者本人……**

目次

Part **2** **血型小將入陣去**
Blood Type in the Society

Part **3** **血型小將出遊去**
Blood Type Go on a Journey

Plus **隱藏篇**

Part 1

血型小將戀愛了

Blood Type Fell in Love

這個…我想…
這個夏天我還是
一個人過好了…

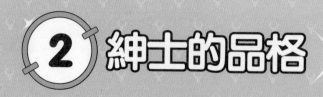

2 紳士的品格

A型

B型

哎呀～有人真好命耶！

還跟既貼心又願意幫人拿包包的禮貌男約會

有什麼好比的～

呼呼

有沒有男生要幫我拿包包啊？

嘿！沒看到那個女生嗎？根本就是個女王嘛

我要是跟那種女生約會的話，不僅會要我幫她拿包包，還會要我揹著她走吧～

還要我嚼好飯，餵她吃嗎？

她跟妳形象不一樣啊！形象妳懂嗎？

握拳

緊握雙拳

呀啊啊

你是自卑心爆發，對吧？

我要殺了你！

26

O型

AB型

結果——

③ 電影約會

連在一起的座位都沒了，如果是各位的話，會怎麼辦呢？

B型

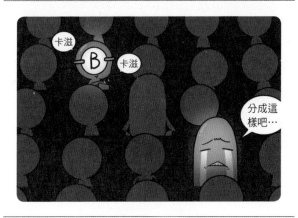

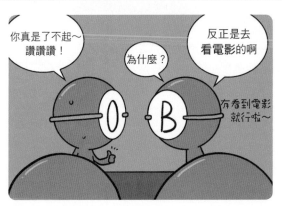

O型

改編自M君提供的故事而成。

我們夫妻大部分的吵架是因為彼此喜好不一樣而造成的。

出去吃東西時

A型的體貼心啟動

然後，要是泡菜鍋不好吃的話——

買東西時

非常～非常喜歡血拼的丈夫

兩邊的大賣場跟家裡的距離都差不多,所以必須加以選擇。

結果還不是照著自己的意思去做，幹嘛一副很體貼的樣子，還先問一下……

衝動出遊時

改編自L君提供的故事而成。

6 O型 Couple

如果說在「A型女 V.S O型男」一篇中，O型是扮演踩油門，A型是扮演踩剎車的角色的話——

那麼，O型男、O型女就是沒有剎車的雙頭慾望馬車！

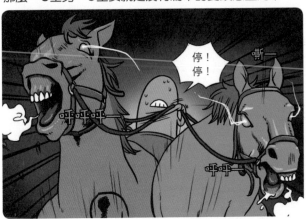

就像脫韁野馬，沒人拉的住～

結果

改編自K君提供的故事而成。

7 AB型男朋友

我是A型，我的男朋友是AB型。

來自要求暱名的某讀者提供的故事。

⑧ 紀念日快樂

〔第100篇因為作者健康的問題而休息～〕

A型 有計畫的準備紀念日

在當天大放光芒的完備計畫

B型

來～
這個～

唉！
真是的…

轉頭

我們
分手吧

從現在起，
就不要見面了

對於細節的留意，可以說是完全缺乏……

O型

就算準備稍有不足，但是，心意是真的……

AB型

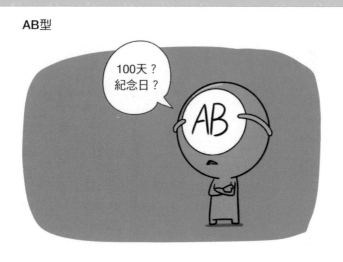

9 情人的禮物

二十年後

B型

完全忘記有盆栽這回事。

O型

就這樣輪流經歷乾旱地獄與水澇地獄⋯⋯

⑩ 不負責戀愛講座

經常收到這種電子郵件——

O型男人與B型女人相遇的話，會有什麼結果呢？

蛤？

居然向有婦之夫詢問戀愛問題？

叮咚

哈哈哈哈

O型是有了明確目標，就會集中精神的人～

飛機飛啊飛～

飛吧～飛吧～

B型是如果感到有趣的話，就會完全深陷其中～

咻～

如果有相同興趣的話，以興趣輕鬆地接近對方也不錯。

但由於B型善變，感興趣的事物經常改變，因此要多多留意。

忠於慾望的O型，

跟忠於每一瞬間的B型能夠溝通得很好。

佔有慾強的O型與自由自在的B型之間，可能會因為戀愛觀的差異而產生摩擦，所以請小心啦！

Part 2

血型小將
入陣去

Blood Type in the Society

⑪ 家庭背景調查

新學期開始後，級任老師們都在忙著進行家庭背景調查。

父親是做什麼的？

有姊姊嗎？漂亮嗎？

我有一個姊姊，漂亮程度不輸給藝人。

那麼…有堂姊嗎？

可是，她上個月剛生了老二。

A型

我在念小學時，生活過得相當富裕，不過，到了國中一年級，發生了財務危機…

爸爸公司的生意變得很難做，而且爸爸喝酒的日子變多了…

父母吵架的日子也變多了…

嗯！這種事…

從國中一年級期中開始，連媽媽也開始到外面工作…

就這樣，在身心敏感的時期，我獨自一人的時間變多了…

必須孤單地度過青春期…

二十分鐘之後──

說到哪裡了？

挺累人的，不能休息一下再繼續嗎？

現在要說國中二年級的事了

打哈欠

才說到國二的時候呢…

在敘述上有著鉅細靡遺的傾向。

擁有健康的心智，連會談時間也非常精簡……

O型

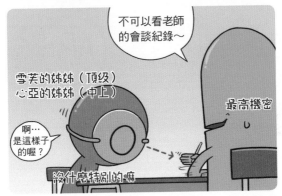

跟其他的血型相比，是有些散漫的傾向。

AB型

沒想到反而是被他調查……

每種血型都有固執的地方，不過，理由卻各有不同。

A型

B型

O型

AB型

13 牛奶口味

改編自L君所提供的故事。

14 安全檢查

處理尖端技術的公司不時會進行軟硬體安全檢查。

A型　依照指示正確的執行。外加用愉快的心情，甚至連書桌的整理、打掃都——

B型

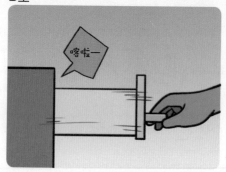

打開書桌抽屜，把東西「唰的」全部掃進去，連整理都沒有……

O型　一面觀察其他人，一面適當地跟著做。

AB型

據說反倒是他——追著問。

改編自K君提供的故事而成。

15 在餐廳的時候

某天L與朋友約好一起去義大利麵餐廳。

當時店裡沒什麼客人，太吵了反而會覺得不好意思。

旁邊的座位來了一對情侶，

那對情侶真的很吵！

A型的反應——對沒禮貌的行為感到憤怒。

B型的反應——不怎麼關心。

O型的反應——過度關心（？）

AB型的反應——

很關心窗外的人。

改編自L君所提供的故事而成。

16 傳教活動

A型、B型、O型、AB型一起使用宿舍。

有一天，學校進行問卷調查。

漂亮的同學～
你要是不忙的話，
想請你幫忙做一
下問卷調查～

啊一

好的
好的

問卷調查是假的，實際上是特定宗教的傳教活動。

在問卷上留下手機號碼，變成了禍源，於是開始一直接到電話。

首先接到電話的A型，

慌慌張張的，好不容易掛了電話……

B型

一句話就結束通話。

O型

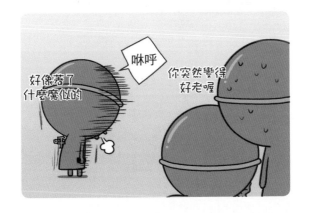

AB型

你沒接到
電話嗎？

我一開始寫
的就是別人
的電話號碼

喔，真是天才耶

單純的
傢伙們

結果——

唉唷
姊妹們～

您…您好

改編自H君所提供的故事而成。

17 環境焦慮症

一般都認為懂得察言觀色的個性是專屬某個特定的血型，其實，各個血型都隱含不同程度的察言觀色。

幾年前在我的召集下，大家去了一間很多人排隊的名店。

一群人當中，有一個人晚到了。

大家一面聊天，一面吃飯，有人卻開始擔心了。

慢慢地開始變得很心急。

接著——

看了老闆娘的眼色，就開始呼吸變得急促，冷汗直流。

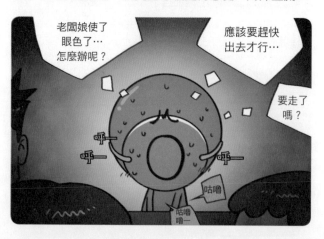

突然，念頭一閃——

在我這樣的受盡各種眼神攻擊之中，

大家，

完全沒注意到這種不安與壓迫……

結果此種焦慮導致神經性消化不良——

祝大家用餐愉快喔～

18 公仔行銷

B型

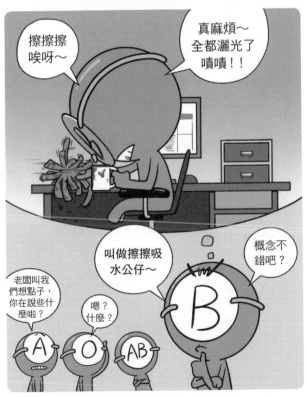

O型

116

AB 型

Part 3

血型小將
出遊去

Blood Type Go on a Journey

19 賞櫻之旅

討論提議

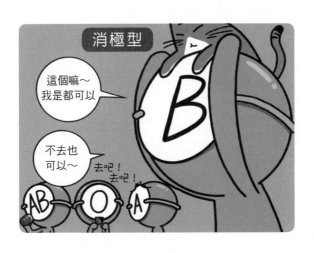

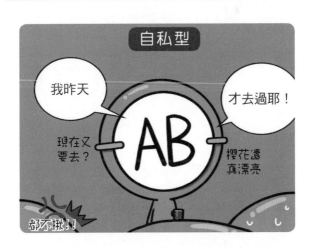

計畫細節

計畫型

以櫻花出名的地方…

武陵農場、九族文化村、陽明山都不錯～

烏來、鹿谷也很棒！

從地理上考慮或從經費上考慮，最佳的地方是…

喔～有名的賞櫻景點還真多

太多了，這也讓人挺煩惱的…真是的～

你挑挑看

沒有在附近的嗎？

猶豫型

這裡旁邊是高中？

味道難聞

我們去河邊吧？

施工中

那麼去公園吧

那裡沒有櫻花

那要怎樣啦！！

批評型

難道是我說要去賞櫻的嗎？？

賞櫻當天

詳情請見《血型小將ABO 5》

O型是所有血型當中，最具政治性的血型。

A型是規畫、分類的神人。

叩？

B型是自由自在想法的第一高手。

O型的好勝心很強。

AB型則是……

22 命運販賣機

這是一台隨處可見的飲料販賣機，

但是，

這台販賣機有個地方很不一樣——

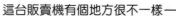

有一個「命運」的選項。

孩子們對這個未知的選項很在意。

A型是——

對不確定的事情表現出極為消極否定的反應。

O型沒有煩惱很久，同時按了想要的選項與命運選項。

樂觀的B型絕對不會煩惱。

AB型是不會為了命運煩惱的。

反正出現我
想要的東西的
機率是零

我按

挑零

P.S挑選命運的孩子們全都一副「呷到賽」的表情。

……

黑心
商品

跟我交換
著喝吧

如何？

改編自K君提供的故事而成。

23 點菜冤大頭

A型　就算是挑選餐點，依舊謹慎萬分。

B型　挑選菜單中最特別、最新奇的東西。

O型　時時刻刻執著於自己所中意的食物——

AB型

改編自K君提供的故事而成。

24 馬路如虎口

小編提醒：過馬路一定要遵守交通規則喔！

25 踢石頭

O型與朋友在路途中，發現了小石頭。

剛開始時，大家都很訝異地看著她。

短暫的踢石頭遊戲就這樣結束了……
改編自J君所提供的故事而成。

出版連鎖反應

〔家人方面〕

我是O型。

這些是我的家人。

父親　　母親　　哥哥　　我

嗄！　嗄—　嗄—啊！　揮手

大致的權力結構圖

出書以後，家人都說我的出生，

是最神祕的……

對我這樣的存在，各自抱持著一點點的「關心」。

雖然很慶幸能夠適應母親的說話口吻，

但是，B型母親與A型父親的
個性差異就像油與水一般，
是不會改變的。

〔路人方面〕
偶而會有人初次見面，就要我猜他們的血型。

甚至還接到幾次電視節目的邀請——

就是這樣子……

〔令人害怕的方面〕

您就是畫血型小將的那一位嗎？您的書讓人超有共鳴的～

啊！好久沒遇到友善的讀者，再加上還是位美女

你是什麼血型？

根本就像是我的故事嘛～

我是AB型的。

請不要靠近！！

喔！

怎麼會這樣！

我是說漫畫不過就是漫畫罷了

危險啊

？

AB型是怪人！

連這些都應付不了

嘖嘖

沒用的傢伙！

ABO

嗚—

生世之謎

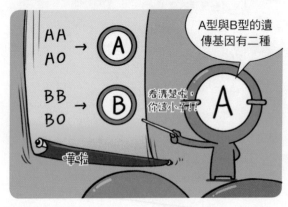

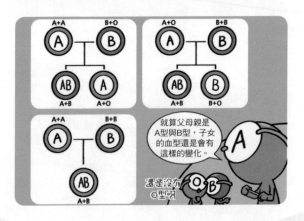

FAC0346

血型小將6
ABO

作　者
RealCrazyMan（朴東宣）

譯　者
彭玲林（O）

執行副總編　丘美珍（B）　　董事長　趙政岷（O）
責任編輯　　林巧涵（O）　　總經理
美術設計　　溫國群（A）
內文排版　　黃雅藍（B）
執行企劃　　張燕宜（AB）

出版者　　　信箱　臺北郵政七九一九九信箱
時報文化出版企業股份有限公司　時報悅讀網 http://www.readingtimes.com.tw
10803台北市和平西路三段二四〇號四樓　第一編輯部臉書／http://www.facebook.com/readingtimes.fans
客服專線　（〇二）二三〇六一六八四二　流行生活線臉書／https://www.facebook.com/ctgraphics
讀者服務專線　〇八〇〇一二三一一七〇五　理律法律事務所　陳長文律師、李念祖律師
　　　　　（〇二）二三〇四一七一〇三　印刷　華展印刷有限公司
讀者服務傳真　（〇二）二三〇四一六八五八　初版一刷　二〇一四年一月十七日
郵撥　一九三四四七二四時報文化出版公司　初版四刷　二〇一五年一月十九日
定價　新台幣一九九元

行政院新聞局局版北市業字第八〇號
版權所有，翻印必究
（缺頁或破損的書，請寄回更換）
ISBN 978-957-13-5885-7
Printed in Taiwan

혈액형에관한간단한고찰 3
© 2013 by Park Dong Seon
All Rights Reserved.
Translation rights arranged by LEEONSMART Co.,Ltd.
Through Shinwon Agency Co. in Korea
Traditional Chinese Translation Copyright © 2014 by China Times Publishing Company Co., Ltd.

國家圖書館出版品預行編目資料

血型小將ABO 6 / 朴東宣作；彭玲林譯. -- 初版.
-- 臺北市：時報文化, 2014.1-
ISBN 978-957-13-5885-7（平裝）

1. 血型　2.漫畫

293.6　　　　　　　　　　　　100024275